ISA REIS

NÃO NEGOCIE O INEGOCIÁVEL

Itapira, 2017

Não Negocie o Inegociável

Copyright @2017 por Isa Reis

Coordenação Editorial: Eneas Francisco
Revisão: Angélica Pina
Colaboração: Carla Montebeler
Vand Pires
Diagramação: UPBooks
Fotografia: Fábio Rickman
Capa: Charles Santos
Agência Iddeia Simples

UPBooks é Um Selo
Casa Publicadora Bereana Ltda ME
Rua Francisco Otaviano Queluz, 103
Itapira - SP - CEP 13976-508
(19) 98287-2935
WWW.UPBOOKS.COM.BR

Dados Internacionais de Catalogação na Publicação (CIP)
(eDOC BRASIL, Belo Horizonte/MG)

R347n
    Reis, Isa, 1982-
        Não negocie o inegociável / Isa Reis. – Itapira (SP): UPBooks, 2017.
        64 p. : 14 x 21 cm

    ISBN 978-85-66941-47-0

    1. Deus. 2. Fé (Cristianismo). 3. Vida cristã. I. Título.
                                                   CDD-230.01

Para Geldi, Alexandre, Gabriel e Isadora.

SUMÁRIO

Agradecimentos 07

Prefácio 09

Introdução 11

Capítulo 1 - A vinha de Nabote é cobiçada 13

Capítulo 2 - Ataque à sua mente 21

Capítulo 3 - Não negocie o inegociável 27

Capítulo 4 - Qual é o teu preço? 35

Capítulo 5 - Os argumentos do inimigo 41

Capítulo 6 - O preço da lealdade 51

Oração 57

Agradecimentos

Ao meu Senhor e Salvador Jesus Cristo, minha gratidão e louvor por todas as suas dávidas e pela sua infinita graça que me alcançou.

Ao meu marido, Pastor Geldi Batista pelo apoio constante e por ser um porto seguro. Você é um presente de Deus.

Aos meus amados filhos Alexandre, Gabriel e Isadora, por enriquecerem minha vida de forma tão extraordinária.

À toda a minha equipe de colaboradores por me permitirem realizar o que realizo com paz e tranquilidade.

À minha mãe, Jandira Reis, por me apoiar com tanta dedicação e pelo cuidado singular para comigo e com minha família.

À Editora UPBooks pela parceria que, com a graça de Deus, irá alcançar pessoas além do que jamais imaginamos.

A todos os homens e mulheres de Deus espalhados por este país que semana após semana me recebem para compartilhar a transformadora Palavra de Deus!

Deus abençoe a todos,

Isa Reis
Agosto de 2017

Prefácio

Sinto-me extremamente lisonjeado em prefaciar esta tão magnífica obra da missionária Isa Reis, tão dedicada ovelha, mãe, esposa e profetisa que Deus escolheu para impactar nações e as gerações presente e futura. Recebi com surpresa, porém com muita satisfação e honra, o convite para apresentar essa tão sonhada obra, que é profunda e de conteúdo seríssimo.

De modo claro, direto, cuidadoso e responsável a autora transmite as verdades inquestionáveis, impactantes, insofismáveis e vivas das Sagradas Escrituras.

Deus usa essa minha querida filha para trazer uma revelação atual, urgente e muito necessária para os nossos dias. Deus me premiou para pastorear essa mulher de fibra, que é uma transparente e autêntica serva de Deus.

Caro leitor, tenho convicção que Deus mudará a sua vida através da compreensão do propósito de Deus revelado na firmeza e convicção de Nabote. Que Deus vos abençoe em Cristo Jesus.

Boa leitura!

Pastor Jessé Nunes
Pastor Presidente da Assembleia de Deus em Salvador
ADECAMP

Introdução

Em março do ano passado, eu estava em casa e o Senhor me fez lembrar de Nabote de uma forma tão forte, que percebi que teria uma madrugada bem diferente. Entrei no quarto e comentei com meu esposo: *"Essa noite vai ser diferente e você vai precisar me liberar para Jesus."*

Já estava amanhecendo e as lágrimas ainda corriam no meu rosto. Era uma coisa tão simples, mas foi para mim o maior desafio. Não pelo fato de passar a noite acordada, porque já estou acostumada com isso, mas pregar essa mensagem pela primeira vez e continuar vivendo a mesma tem sido um dos maiores desafios da minha vida. Mas nem por isso posso deixar de falar. Por quê? Satanás arma certos ataques quando sabe que vai perder a batalha. Eu não posso abrir minha caixa de mensagens do Facebook para vocês. Leio algumas histórias que me deixam mal a semana inteira.

Isa Reis

Se normalmente eu já não consigo dormir, com o que leio fica ainda mais difícil!

Você pode estar vivendo ao lado de alguém que está passando por uma guerra tão grande que, se a pessoa te contasse, te faria desmoronar. Com isso, percebi a seriedade de ser voz de Deus e de ser fiel àquilo que Ele está querendo dizer. Quando o Senhor falou sobre isso comigo, senti minha carne tremer. E é o que Ele me disse que vem me guardando e o que tem me dado suporte durante certos ataques.

1
A Vinha de Nabote é Cobiçada

"... Nabote, o jizreelita, tinha uma vinha em Jizreel junto ao palácio de Acabe, rei de Samaria. Então Acabe falou a Nabote, dizendo: Dá-me a tua vinha, para que me sirva de horta, pois está vizinha ao lado da minha casa; e te darei por ela outra vinha melhor: ou, se for do teu agrado, dar-te-ei o seu valor em dinheiro. 1 Reis 21:1,2

Nabote tem uma vinha que herdou dos seus pais. Seu vigor, sua inteligência e seu tempo são todos investidos naquela terra. Todavia, ele tem um vizinho que um dia decidiu ir para a sacada de sua casa e ficar de olho na vinha de Nabote, pensando consigo:

"Essa terra é boa; é cada cacho de uva... essa terra produz e produz muito. Ah! Essa terra na minha mão... eu tiraria essa vinha, plantaria uma horta de alface ou rúcula. Ah! Essa terra na minha mão!"

Ele está de longe, batendo os olhos, cobiçando a terra, desejando a terra e já fazendo planos para ela. Mas ele sabe que não pode chegar invadindo, porque a terra tem dono e tem escritura para provar que é propriedade de alguém.

Deixe-me contextualizar essa revelação para a sua vida: há um maligno ao derredor, observando sua terra e traçando planos para ela. Todavia, ele sabe que não pode chegar invadindo, porque o Dono disse que quando entra em uma terra, Ele a domina. Há um maligno ao derredor, tramando, desejando, traçando planos, mas não pode invadir, porque tem Dono, tem Sentinela que não dorme.

Existe um Dono, mas também existe quem te deseje, não mais que o teu Dono, mas te deseja. Todavia, não pode chegar invadindo, porque vai ter problema com o seu Dono. Se ele chega forçando para entrar e tem um mais valente do que ele lá dentro, sabe que terá problemas!

Uma vez que ele sabe que não pode chegar dominando assim, de repente, ele – o maligno – desenvolve um plano:

"*Nabote, quer um cafezinho, um suquinho, uma Coquinha?*"

Ele dá uma de bonzinho!

"*Senta aí, meu vizinho, eu queria conversar uma coisa com você. É o seguinte...*"

Percebe como a abordagem é sutil? Que ele vai chegando aos poucos?

Lá no prédio onde eu moro, tem um horário e um lugar adequado para colocar o lixo. Do meu bloco, tenho que atravessar o condomínio inteiro para colocar o lixo. É muito normal a gente ver o que acontece quando as pessoas esperam anoitecer. Quando as trevas vêm chegando, o ambiente

Não Negocie o Inegociável

aonde alguém já acostumou colocar lixo já está escuro. Aí é normal ver pessoas com um saquinho de lixo na mão (que não pode ser um saco gigante porque chama a atenção) que disfarçadamente o jogam em lugar inapropriado. O lugar não é próprio para lixo, mas como já tem o primeiro lixo pequeno, vem chegando outra pessoa que dá uma olhada lá e diz: "Já colocaram um, o meu vai ser só mais um". Depois vem alguém com outro saquinho e joga mais um. E, de repente, aquele ambiente que estava limpo e não é próprio para lixo começa a virar depósito.

Para quem não entendeu, faço questão de explicar: Aquele que te comprou te disse que você não é depósito de imundície. Talvez o propósito de Deus ao te permitir comprar esse livro fosse te dizer que o inimigo não está te sujando de uma vez: foi um saquinho há um ano; meses depois, outro saquinho. O primeiro demônio teve chance de deixar um saquinho que você não quis tirar e outros foram aparecendo. Uns parecem pequenos e outros insignificantes, até Deus preparar esse livro para dizer que você é terra santa, é povo adquirido e todo lixo vai sair, porque Aquele que te limpa está trabalhando.

Você é terra santa. Não é depósito de lixo! Você é povo adquirido e não um depósito de mentiras, nem de invejas. No momento você pensa: é só um saquinho; deixa ficar, porque ninguém está vendo. Todavia ele está apodrecendo e já começou a cheirar mal. Quem convive com você já está sentindo o mau cheiro. Mas, se você já se acostumou com o cheiro, ele pode nem estar te incomodando mais. Mas tão certo como vive o Senhor, o incômodo já começou a ser gerado, porque Aquele que limpa, também é O que convence, que arranca e lança fora a imundície. Repudie essa sujeira que está contaminando suas vestes. Lave-se no Sangue do Cordeiro.

> *"Vós já estais limpos, pela palavra que vos tenho falado."*
> João 15:3

Você pode se perguntar: *"Isa, já sujou... o que eu vou fazer agora? Deus vai me descartar, vai me jogar fora?"*

De maneira nenhuma! Aquele que te comprou está trabalhando para te limpar. Esse mau cheiro que você voltou a sentir é Ele te dizendo que não desistiu da tua terra. Essa tristeza por causa desse lixo sendo gerada é o Dono da tua terra dizendo: Eu não desisti de você.

Aquele que comprou a noiva a santifica! Você está livre, porque quem te comprou já provou que a eternidade já está dentro de você. A ideia é chegar devagar. É uma resposta que você não precisa dar a ninguém, salvo se precisar de confissão.

> *"Confessai as vossas culpas uns aos outros, e orai uns pelos outros, para que sareis. A oração feita por um justo pode muito em seus efeitos."* Tiago 5:16

Confessai uns aos outros! Você tem alguém para confiar? Chega uma hora em que você precisa admitir que não está dando conta. Que esse bicho tem que sair. Você precisa admitir a necessidade de alguém para te confrontar, de alguém que te olhe nos olhos e cuide de você. Que te diga: *"Você está bem? Está crente? Vem aqui que vou orar por você."*

Admita. Se você começou a sentir o mau cheiro é sinal de que o Espírito está agindo. Observe como é o diálogo entre Nabote e o inimigo:

"*Nabote, cede tua terra pra mim?*" – o inimigo pede.

"*Como assim? Ceder?*" – Nabote indaga.

"*Eu não vou colocar uma arma na tua cabeça, eu não quero te coagir. Mesmo porque depois vão ficar perguntando como foi que você abriu mão, como foi que você fez isso. Seus pais confiaram em você, Nabote! 'Tu és maluco, Nabote, como é que você abriu mão?', vão ficar perguntando, especulando, e não quero que diga que te coagi, que te ameacei. Não. Eu quero que você abra mão livremente, para que quando alguém perguntar sua resposta seja 'cedi porque a terra é minha, vai cuidar da tua vida!'.*"

Você conhece alguém assim? Alguém que esteja sendo pressionado pelo inimigo para ceder?

"*O que você quer com a minha vida? A terra é minha, eu faço dela o que eu quiser.*" – Nabote resiste.

"*Ceda, abra mão sem forçar.*" "*Abrir mão daquilo que meu pai confiou a mim? Nem que me forçasse, nem que me coagisse, nem debaixo de ameaça, eu não vou transgredir contra o meu Deus, desonrando meu pai.*"

Esse ceder não é uma decisão tomada de repente; a estratégia é fazer com que você ceda aos poucos. Sinceramente, não acredito que alguém adultere do nada. Ninguém se desvia porque deu vontade e não quer saber de mais nada. Ninguém fornica porque pintou um clima. Ninguém rouba porque tem necessidade, porque o objeto de cobiça estava acessível, ninguém. Primeiro a chama é alimentada. É estratégia do Éden:

"*Eva, coma, amiguinha! Pega nada não, você não vai morrer, você vai ser igual a Deus.*"

Autoanálise

Você saberia responder qual é sua herança em Deus?

Qual é o alvo do inimigo em sua vida? O que ele deseja tirar de você?

Você consegue identificar rapidamente o que pode ser considerado como lixo, que aos poucos tem se acumulado no seu coração, que a princípio não parecia oferecer risco, mas agora já começou a feder?

O que é que você tem de maior valor que o inimigo tem se aproximado aos poucos, tentando "negociar"? Existe uma chama, uma "leve" tendência para o mal que você imperceptivelmente esteja alimentando?

ANOTAÇÕES

Anotações

2
Ataque à Sua Mente

A estratégia do inimigo começa na mente. Uma vez que sua mente tenha sido convencida, será natural seus pés caminharem muito ligeiramente para usufruir daquilo que Deus disse: não coma!

Leia com toda a sua atenção: a estratégia é trabalhar aos poucos e mudar sua mente. Eu aprendi que maus pensamentos são como pássaros que sobrevoam a mente. Todavia, você e eu somos os responsáveis por decidir se os pássaros vão pairar, se vão fazer ninho, ou se vamos expulsá-los!

Pensamentos maus sobrevoam aí e sobrevoam aqui também, mas eu preciso decidir o que vou alimentar e permitir que cresça. Paulo disse:

"Finalmente, irmãos, tudo o que é verdadeiro, tudo o que é respeitável, tudo o que é justo, tudo o que é puro,

> *tudo o que é amável, tudo o que é de boa fama, se alguma virtude há e se algum louvor existe, seja isso o que ocupe o vosso pensamento."* FILIPENSES 4:8

Ocupe sua mente com aquilo que é puro, com aquilo que é sagrado, com as coisas lá do alto. Assim, quando o maligno quiser pousar, não achará espaço para crescer aí dentro. Faça o seguinte: quando a próxima batalha começar – e elas começam todos os dias – decida não alimentar.

Um testemunho: há um tempo, eu e meu esposo passamos por uma crise financeira terrível! Um dia, eu estava na pia lavando louça e o diabo soprou na minha mente:

"Larga esse cara. Você não merece passar por isso. Case-se novamente com um homem mais maduro e rico para cuidar de você."

Eu comecei a tremer e disse:

"Você está repreendido. Há dezesseis anos eu bati o olho naquele preto e disse: Jesus, se o senhor quiser, eu tenho coragem!"

Então comecei a me lembrar que eu havia feito um pacto de que seria na alegria e também na tristeza. Que mesmo que tivesse só arroz com cebola na panela, a gente comeria. Está repreendido! Os pensamentos se foram.

Num belo dia, estou num voo voltando para Salvador e um senhor sentou ao meu lado. Ele era bem fino e educado; bem educado mesmo. Era um coroa muito bonito e tinha idade para ser meu pai. Ele começou a me encarar. De repente, se apresentou e começou a dizer que tinha uma empresa que fez tal parte da Fonte Nova que sediou um dos jogos da copa. Foi falando como funcionava sua empresa e fomos conversando sobre a empresa. De repente, ele mudou de assunto. Quando ele mudou de assunto, na hora eu pensei:

"*É tu, não é? É tu, porque dias atrás apareceu com saquinho de lixo na minha mente.*"

Ele chegou tentando preparar um ninho para me jogar no chão, mas, graças a Deus, assim como entrei de cabeça erguida naquela aeronave, eu saí dela e voltei para minha casa.

Eu sei que Deus está falando com alguém que lê esse livro. A autoridade de Deus já está prensando alguém, dizendo que o inimigo está trabalhando na tua mente para dominar, mas essa ferramenta preparada contra ti já foi quebrada.

O Deus de toda verdade já chegou primeiro para blindar tua mente e guardá-la com aquilo que é puro. Preserve sua mente pura. Preserve, conserve, zele, brigue por ela, morra por ela, mas não ceda.

E o resultado é este: eu posso dizer que sou louca pelo meu marido. Só de ver ele chegando no ambiente, meu coração dispara. Acordo de manhã e fico olhando para a cara dele e digo: como é lindo! De chorar e dizer: oh Deus, como é que eu vou abrir mão de um princípio? Como é que satanás tenta me destruir?

Satanás sabe que se tentar se enfiar de cabeça, de uma vez no casamento, não vai dar certo. Então, aos poucos ele vai se aproveitando do espaço que você cede e sussurra:

"*Sabe, fulana, não vou te forçar. Mas alimente esse desejo e aceite a proposta. A terra é sua e ninguém tem nada a ver com a sua vida."*

A postura de Nabote foi a seguinte:

"*Dou nada, cedo não, não cedo mesmo!*"

E então veio mais uma proposta. O inimigo disse:

"*Então vamos combinar um negócio? Vamos fazer uma troca? Eu te darei por essa tua terra, uma terra ainda melhor!*"

Acorda! Perceba essa verdade. Ele vem desdenhando, dizendo que tem terra melhor do que a sua. Você deve afirmar:

"*Então, fique com a tua melhor e pare de desdenhar a minha! A minha não é lá essas coisas, mas você está desejando ela. Ou seja, minha terra não tem esse glamour todo, mas você fica me cercando pra me dominar.*"

Sabe o que acontece? Tua terra pode não ser a top das tops, pode não ser a melhor, mas tem uma história digna de respeito e que ninguém pode anular. Leia atentamente e entenda. Chega de ceder ao desdém de satanás e ficar se martirizando, pensando que tem terra melhor que a sua. Pode haver terra melhor, mas não tem vergonha na cara; pode haver terra melhor, mas não há santificação; pode haver terra melhor, mas não há compromisso; pode haver terra melhor, mas não há história com Deus. É só isso que você precisa entender para poder valorizar aquilo que te pertence.

Autoanálise

Você consegue identificar a abordagem sutil do inimigo para te levar a comprometer seu relacionamento com Deus, a partir dos seus pensamentos?

Você já cedeu ou tem cedido a alguma influência espiritual em sua mente?

O que você pode fazer hoje para deixar de alimentar os pensamentos que moldam uma mente carnal?

Você já percebeu o inimigo desdenhando do que é seu? Como você tem reagido quando ele tenta anular ou minimizar o valor do que Deus te deu?

Anotações

3
Não Negocie o Inegociável

Quantas terras a gente já olhou com admiração e depois que conhece por trás dos bastidores se revolta e quase desvia? De repente você é atacado por uma avalanche de desdém. Quem de nós nunca ouviu as seguintes frases:

"*Sinceramente? Ela liderava melhor do que você! Sinceramente? Fulano canta melhor do que você! Sinceramente? Fulano prega melhor do que você! Cá entre nós... tem gente muito melhor do que você!*"

É nessas horas que a gente pesa quem é quem diante de Deus. A pessoa que está perto de você poderia estar a quilômetros da realidade que está hoje. E por que não está? Porque cede para alguém que fica desdenhando... não cante, não pregue, não lidere.

Deixe-me contar uma experiência pessoal. Quando eu aceitei Jesus, foi através da música. Eu amo música. Eu não gravaria um CD, mas gosto muito de cantar! Um dia uma pessoa chegou para mim e disse:

"*Fia, canta não!*"

Eu perguntei:

"*Por quê?*"

Me responderam:

"*Porque você canta pelo nariz.*"

Como assim? É mais fácil desdenhar do que sentar e dar a nota. É mais fácil desdenhar do que ajudar alguém. É mais fácil desdenhar do que estender a mão e dizer: essa tua terra já recebeu o maior investimento; deixa-me só te ajudar.

A noiva tem que sair das quatro paredes para produzir para glória do Noivo, e todo esse desdém deve ser repreendido. Deixe quem quiser desdenhar, porque Aquele que investiu na tua terra te dá uma ordem: produza!

Será que você entende que o inimigo desdenha da tua terra porque ele sabe o poder de produção que ela tem? E se é que você se lembra dos primeiros lugares que você deu para Deus e a proporção que as coisas tomaram, você entende que só chegou em algum lugar por ter feito o que Deus lhe ordenou a fazer. Agora, nessa altura da caminhada, devido ao desdém de alguém, você abandonou a tua harpa, a pendurou em algum lugar.

O Espírito Santo vai te provocar tanto que você não vai conseguir reter, porque Aquele que investiu na tua vida te diz:

"*O teu inimigo te desdenha porque ele assiste os frutos que ficam lá do outro lado e que você não fica sabendo.*"

Que todo o desdém caia por terra!

Então eu acordei! Peguei minha fita, ensaiei, ensaiei e ensaiei. Treinei na frente do espelho. Quem te agendou, Isa? Quem te convidou para cantar? Ninguém! Tá ensaiando por quê, então? Porque Aquele que investiu na minha vida disse que era para eu cantar. Quando eu nem mesmo tinha agenda, meus esboços já estavam prontos! Simplesmente porque eu ouvi o Deus que disse:

"Invista, vá estudar!"

Eu perguntei:

"Pra quando?"

Ele respondeu:

"Para a hora que Eu quiser te enviar."

Tudo pronto, ensaios a todo vapor. Fiquei desempregada. Com minha fita na bolsa, fui para o círculo de oração na Assembleia de Deus, ministério do Belém, na Vila Paranaguá, lá em São Paulo. Um amigo, Davi Matias, estava dirigindo o culto. Eu estava sentada lá no canto; Davi olhou para mim e gritou:

"Oh, Isa! Dá pra você cantar um hino?"

Vibrei, mas mantive a classe. Entreguei a fita e fiquei na parte de baixo do púlpito. Saudei a igreja, olhei para o sonoplasta e disse: pode soltar. Mas não foi. Sabe aquele barulho de fita? Aquele foi o terror da minha vida. Pense no barulho da fita enganchando... E a igreja? Pense num povo mal-humorado! Com aquela cara para mim, pensando que em vez de aparecer com uma fita cassete, eu deveria ter aparecido com CD. Sabe aquela pureza? Sabe aquela vontade só de agradar a Deus?

Eu olhei para o sonoplasta e ele levantou as mãos para mim, como se dizendo:

"*Não tenho nada a ver com isso, entendeu?*"

Quando vi aquele sinal dele, fiquei olhando para a igreja, calada, enquanto todos me encaravam. Então olhei para o Davi e, quando fui entregar o microfone para ele, meu coração ardeu: canta!

Olhei para a igreja e venci minha vergonha. Vou cantar! Enquanto eu estava cantando e olhando para as portas da igreja, que estavam abertas, de frente para a rua, eu vi um rapaz passar depressa e sentar no último lugar. Ele entrou correndo e sentou. A fita ficou boa, o microfone também, e eu cheguei ao refrão, então pensei: eu só estou obedecendo!

Segui cantando:

Se você cair ele te levanta
Se você chorar ele te consola
Quando oprimido ele te liberta
Ele é o Deus de ontem e de agora
Declare que você é um vencedor
Essa é a vitória que Deus te mandou
Salte para cima e atravesse o abismo
Sai desse calabouço e seja um vencedor
Ele é o leão da tribo de Judá
Já entrou na guerra para guerrear
Ouça as correntes caindo no chão
Você está livre até pra voar
Voe agora nas asas do vento pois a vitória é sua

Se alguém desdenhar, dizendo "canta não; você canta pelo nariz", lembre-se que Ele te deu uma ordem. E a conversa dele com alguém que ouvia era: "Se você caiu, Ele te levanta".

Por que meu inimigo desdenhou tanto? Porque enquanto eu estava cantando, aquele moço que estava sentado no fundo veio correndo pelo corredor, parou diante do altar e, gritando, pediu para falar. Davi permitiu. Ele disse:

"*Eu era evangelista. Deixei o evangelho por causa de uma Jezabel que apareceu na minha vida, mas eu ouvi essa moça cantando que se eu cair Deus vai me levantar. Eu quero voltar para Jesus hoje.*"

Ele dobrou os joelhos para Jesus, renovado, e voltou para Jesus ali mesmo. Você está entendendo o que Deus está conversando com você? Satanás desdenha porque sabe o tamanho do investimento! Há segredos de Deus na tua alma. O inimigo entende, por isso te golpeia tanto.

Na verdade, quando você dobra os seus joelhos, o que sai do seu interior para os céus são os segredos que só a noiva tem. E Deus está lhe dizendo: não ceda! Deixe que desdenhem, deixem caluniar, deixem te humilhar. Aquele que te comprou diz que a tua terra tem valor impagável!

A conversa do inimigo com Nabote continua:

"*Eu te dou outra melhor*" – foi a promessa dele.

"*Você tem outra melhor? Fique com ela e me deixe aqui com a minha, que é inferior aos teus olhos.*" – Nabote não cede.

"*Quanto vale essa tua terra, Nabote? Todo homem tem seu preço; diga qual é o teu!*"

"*Aqui tem placa de vende-se? Quem veio me procurar foi*

você. Eu não coloquei essa terra à venda."

Essa noiva já foi comprada. Essa terra aqui, o Pai encontrou cheia de lixo, abandonada. Esquecida e, a custo de afrontas, a custo de lança, a custo de escárnio, meu Pai comprou essa terra. Agora, depois de limpa, frutífera, crescente, produzindo e fazendo história, aparece um corretor do maligno com uma plaquinha dizendo: "deixe-me negociar essa sua terra, porque a gente pode lucrar muito com ela".

A noiva já foi comprada e não é meretriz vendida que fica na esquina oferecendo valores. Você já foi comprada e o Pai afirma que não fará negócios.

Porque fostes comprados por bom preço; glorificai, pois, a Deus no vosso corpo, e no vosso espírito, os quais pertencem a Deus. 1 Coríntios 6:20

Fostes comprados por bom preço; não vos façais servos dos homens. 1 Coríntios 7:23

Autoanálise

Você já foi tentado a se comparar com outra pessoa?

Como você lida com o desdém por parte das pessoas ou com as ideias de inferioridade que Satanás envia com frequência para te desmotivar a cumprir com sua missão?

Você já prestou atenção que Deus tem usado você, inclusive nas áreas que outras pessoas procuram te diminuir?

Medite no seu valor em Cristo. Você acha que vale a pena negociar seu chamado por coisas que são "melhores" somente na aparência?

Anotações

4
Qual é o Teu Preço?

Porém Nabote disse a Acabe: Guarde-me o Senhor de que eu te dê a herança de meus pais. 1 Reis 21:3

T*odo homem tem seu preço... me dá o seu*", ele insiste.
"*Quem disse que essa terra está à venda? Eu não vou vender! Deus me guarde*" – Nabote diz. "*Negociar essa terra seria transgredir contra o Senhor. Vou te dizer uma coisa: meu pai não precisou trapacear para possuir, nem precisou lesar ninguém. Meu pai não precisou mentir para me comprar. Eu não vendo, eu não dou e eu não troco!*"

"*Eu quero transformar essa tua vinha em horta*" – o inimigo continua tentando persuadir.

Olhe bem para a tua terra e responda sinceramente: ao longo desses anos, em que essa terra tem sido transformada? Talvez você precise confessar: eu já não sou o plano original de Deus; existem algumas coisas em mim que estão transfiguradas e às vezes eu nem me reconheço mais; eu reagia diferente às propostas do Diabo, mas ao longo desses anos alguma coisa em mim tem sido alterada.

A ideia do maligno é transformar essa tua terra que produz alegria em um lugar de decepção. Veja Isaías 5, onde o amado planta a vinha, olha por ela, limpa, tira toda pedra, dá a ela toda condição de crescimento e coloca sentinela para vigiar o tempo inteiro; mas, ao invés de produzir uvas boas, ela só produz uvas azedas.

Ele está olhando para a sua terra. Inspecione-se. Qual é a qualidade da uva que o amado está achando em você? Qual é o gosto dessa uva? Está doce diante dele? Ou por algum motivo azedou?

Lembre-se: a sede de Acabe era transformar a terra em outra coisa, eliminando o plano original. Se você ainda se lembra de como era puro diante dEle, há um convite dEle para sua vida: não abra mão! Resolva no seu coração e diga para si mesmo: 'O dinheiro que eu conquistei debaixo daquela maldição, eu vou abrir mão dele. Essa terra não está à venda. Posso sair no prejuízo, mas eu não vou perder a eternidade. Posso sair no prejuízo, mas não vou perder o amor do meu Amado; não posso abrir mão desse amor. Para Acabe eu digo 'não' quantas vezes forem necessárias.'

Acabe vira as costas e vai embora. Ao chegar em casa, deita, vira-se para a parede e fica indignado. Jezabel entra no quarto e pergunta:

"*Por que você não come nem bebe?*"

"*Fui lá negociar a vinha de Nabote, mas não tive êxito*" – ele responde.

"*Levanta, bebe a tua água e come teu pão; só me entregue teu anel que eu vou resolver isso agora.*"

O que é que a Jezabel faz? Envia cartas convocando para um santo jejum. Nabote, ao receber a carta diz:

"*Vamos, meus filhos. Vamos buscar a presença de Deus. Vamos rasgar o coração diante de Deus e pedir perdão pelos nossos pecados.*"

A família inteira vai, na pureza de buscar. Durante o culto, Jezabel chama dois frouxos. Porque, para caluniar o próximo, tem que ser frouxo. Para se levantar contra alguém e espalhar uma mentira tem que ser covarde. Os dois estão comprados pela maligna Jezabel e o contrato reza o seguinte: na hora do culto, você fica de pé e grita que ouviu Nabote blasfemar contra Deus e transgrediu a lei de Moisés e falou coisas horríveis contra o rei. Eu só preciso que você encontre alguém para concordar com você para dar veracidade ao crime. Fechado?

Nabote está puro no culto. A família inteira está com o coração voltado para Deus. Quando, de repente, alguém se levanta e diz:

"*Eu o ouvi blasfemar contra Deus!*"

Nabote se espanta:

"*Eu?*"

"*Sim, você! E tem mais... você falou coisas horríveis contra o rei. Não é verdade, fulano?*"

O outro frouxo se levanta e concorda com aquela mentira. A sentença de Jezabel já estava preparada:

"Tire-os daqui. Que morram a pedradas; ele e toda a sua família!"

Levaram Nabote para fora para não sujar o ambiente do culto. Todavia, o ambiente já estava sujo pelas intenções.

O problema é que, geralmente, pensam que Deus está inocente no trono, assistindo à intenção e não vai fazer nada. Da nossa perspectiva, parece que está tudo sob controle, parece que está tudo puro. Mas Aquele que esquadrinha pensamentos e conhece os corações nunca dorme.

Cuidado com a intenção do teu coração, porque Ele já mediu, já esquadrinhou, e o convite dEle é para arrancar as máscaras e se jogar diante dEle. Ele nos convida à pureza. Não adianta tirar do ambiente de culto para não fazer sujeira, ou seja, "não inventa nada durante o congresso, não; deixa pra depois. Deixa pra gente ir falando no caminho".

Ele esquadrinha todos os corações, o tempo inteiro.

Eu, o Senhor, esquadrinho o coração e provo os rins; e isto para dar a cada um segundo os seus caminhos e segundo o fruto das suas ações. JEREMIAS 17:10

O espírito do homem é a lâmpada do Senhor, que esquadrinha todo o interior até o mais íntimo do ventre. PROVÉRBIOS 20:27

Autoanálise

Quando foi a última vez que você foi abordado por Satanás para uma "negociação"? Qual foi sua resposta?

Você consegue medir o nível de produtividade de sua terra? Existem razões para a cobiça do adversário?

Com base em suas tendências pessoais, você sabe em que o inimigo quer te transformar?

Você é uma terra frutífera? Em caso positivo, o que você pode fazer para produzir ainda mais? Se sua resposta for negativa, o que está acontecendo que tem limitado sua produtividade?

Anotações

Os Argumentos do Inimigo

Primeira Proposta do Inimigo
Uma entrega amigável

A primeira proposta do rei Acabe foi a entrega amigável da vinha de Nabote. Possivelmente o rei imaginava que o pobre camponês se intimidaria com o seu pedido. Afinal de contas, era o rei quem estava lhe pedindo e, teoricamente, o rei era a pessoa mais poderosa das terras de Israel, tendo inclusive o poder de mandar tirar-lhe a vida. Porém, corajosamente Nabote se recusa a entregar a herança de seus pais.

"*Porém Nabote disse a Acabe: Guarde-me o Senhor de que eu te dê a herança de meus pais.*" 1 Reis 21:3

Este evento nos ensina muito, se tomarmos hoje a figura do

rei Acabe como Satanás, inimigo das nossas almas que quer a todo custo se apropriar das nossas vidas e de tudo que temos, e se tomarmos a figura de Nabote como a de um cristão fiel e temente a Deus. Então veremos uma verdadeira batalha espiritual contra as nossas vidas, e é desta forma que acontece no mundo espiritual. Veja o que Paulo diz:

> "*Porque não temos que lutar contra a carne e o sangue, mas, sim, contra os principados, contra as potestades, contra os príncipes das trevas deste século, contra as hostes espirituais da maldade, nos lugares celestiais.*"
> EFÉSIOS 6:12

Esta batalha se dá na mente do cristão e é necessário que este esteja revestido com as armaduras de Deus para que não caia nas ciladas do diabo. Veja o que diz ainda o Apóstolo em alguns versículos mais adiante:

> "*Tomai também o capacete da salvação, e a espada do Espírito, que é a palavra de Deus.*" EFÉSIOS 6:17

O crente salvo em Jesus não pode ceder às pressões do inferno que nos assedia todos os dias. Não podemos abrir mão das bênçãos que recebemos pela graça e misericórdia de Deus, pois custou um alto preço e foi o sangue de Jesus vertido no calvário. Nossa família, nossa fé, comunhão, nossa paz e esperança da vida eterna têm sido alvo constante do inimigo das nossas almas, porém ainda que custe a nossa vida, como guerreiros de Deus precisamos resistir até ao final, pois a vitória só é garantida para aqueles que lutam por suas almas. Está escrito:

> "*Sujeitai-vos, pois, a Deus, resisti ao diabo, e ele fugirá de vós.*" TIAGO 4:7

Apesar dos constantes alertas de Deus, por meio do seu Santo Espírito e da sua bendita palavra, para que não venhamos negociar com o inimigo das nossas almas, percebemos que existe ainda aqueles que simplesmente entregam voluntariamente e sem nenhum resistência as bênçãos do Criador que a nós foram doadas. Assim como Judá, que entregou os seus objetos pessoais nas mãos da sua astuta nora que, por sua vez, disfarçada de prostituta conseguiu o seu objetivo maior, que era gerar um filho seu, assim também alguns cristãos têm entregado a Satanás a sua herança espiritual.

Veja o que o texto bíblico diz acerca dessa história:

> "*Então ele disse: Que penhor é que te darei? E ela disse: O teu selo, e o teu cordão, e o cajado que está em tua mão. O que ele lhe deu, e possuiu-a, e ela concebeu dele.*" GÊNESIS 38:18

Veja também, no desfecho da história, o embaraço e a vergonha que Judá se meteu:

> "*E aconteceu que, quase três meses depois, deram aviso a Judá, dizendo: Tamar, tua nora, adulterou, e eis que está grávida do adultério. Então disse Judá: Tirai-a fora para que seja queimada. E tirando-a fora, ela mandou dizer a seu sogro: Do homem de quem são estas coisas eu concebi. E ela disse mais: Conhece, peço-te, de quem é este selo, e este cordão, e este cajado. E conheceu-os Judá e disse: Mais justa é ela do que eu, porquanto não a tenho dado a Selá meu filho. E nunca mais a conheceu.*" GÊNESIS 38:24-26

O que significa para o cristão, nos dias de hoje, o selo, o cordão e o cajado?

Estes três objetos de uso pessoal, dentre outras finalidades, eram também utilizados para identificar o seu possuidor. O selo e o cordão geralmente formavam um único objeto, sendo o cordão a base ou o suporte onde ficava preso o selo, que servia para fechar acordos, firmar contratos, sendo este uma espécie de assinatura de seu possuidor. Já o cajado, além de ser utilizado para pastorear ovelhas, era quase que um objeto de uso contínuo para alguns indivíduos israelitas, uma espécie de acessório ao vestuário, além de servir para descanso e defesa contra certos tipos de animais.

Ambos objetos, descritos na passagem bíblica, possuem um único significado: revelar a identidade do dono. O cristão tem também a sua própria identidade. Diferente daquela encontrada nas pessoas que estão no mundo, a identidade do cristão é o reflexo da sua comunhão com Cristo, pois refletimos a glória de Deus e o caráter de Jesus como um espelho diante dos homens. É assim que diz a palavra:

> "Mas todos nós temos o rosto descoberto, refletimos como num espelho a glória do Senhor e nos vemos transformados nesta mesma imagem, sempre mais resplandecentes, pela ação do Espírito do Senhor."
> 2 CORÍNTIOS 3.18

SEGUNDA PROPOSTA DO INIMIGO
Uma troca vantajosa

"... e te darei por ela outra vinha melhor..."

A segunda proposta do rei Acabe a Nabote foi uma troca vantajosa, ou seja, se ele entregasse a sua herança receberia outra vinha superior àquela. A essa altura, as propostas estavam ficando cada vez mais tentadoras para o destemido camponês. Imagine alguém que mora em um casebre, do dia para a noite, a custo zero, ir morar em um Alphaville? Porém, aquele homem estava determinado a guardar a herança de seus pais, nem que para isto tivesse que pagar com a própria vida.

Esta história me fez lembrar de uma outra semelhante, a história de Esaú e Jacó, filhos de Isaque e netos de Abraão (GÊNESIS 25.34). Esaú, filho mais velho de Isaque, portanto, primogênito – e este título era muito importante, pois garantia ao filho mais velho o direito de suceder seu pai em tudo –, após a morte de Isaque teria uma porção maior que a do seu irmão em toda a herança material e ainda receberia as bênçãos espirituais transferidas pela sucessão. Porém, Esaú trocou esse direito por um pedaço de pão e um prato de lentilhas.

Apesar da astúcia de Jacó, Deus respeitou o acordo firmado entre os irmãos, não deixando de retribuir futuramente as consequências do pecado da mentira e do engano praticados por Jacó com auxílio de sua mãe, Rebeca (GÊNESIS 27). Uma dessas consequências foi a separação de mãe e filho até a sua morte. Rebeca adoeceu e morreu sem poder ver o filho a quem mais amava!

Assim, muitos cristãos dos dias atuais têm trocado sua primogenitura espiritual por alguma satisfação mundana. Os prazeres terrenos e a glória mundana passam rapidamente e nunca satisfazem, porém a herança que temos a receber é infinitamente superior a qualquer bem material.

O inimigo, como um grande mercador, tem se aproveitado das fraquezas que alguns possuem e, com um discurso sedutor, arrasta multidões para o abismo. Mas o exemplo de Nabote nos encoraja a resistirmos firmes na esperança de que o céu tem muito mais a nos oferecer e é nisso que devemos pensar e aguardar!

Terceira Proposta do Inimigo
GANHO FINANCEIRO

"... ou, se for do teu agrado, dar-te-ei o seu valor em dinheiro".

Acabe apelou para o dinheiro, como uma última cartada para obter a vinha de Nabote. Sua melhor proposta ficou para o final. Não havia dúvidas acerca da fortuna que o rei possuía, podendo dispor de quantidades inimagináveis de ouro e prata se quisesse, e com esse discurso sedutor imaginava obter o que mais almejava, a vinha de um pobre homem. Porém a frustração de Acabe foi grande. Ele recusou também essa proposta. Veja o que a Bíblia diz:

"Nabote, porém, respondeu a Acabe: Deus me livre de ceder-te a herança de meus pais!" 1 REIS 21:3

"Acabe voltou para a sua casa sombrio e irritado, por ter Nabote de Jezrael recusado ceder-lhe a herança de seus pais. Estendeu-se na cama com o rosto voltado para a parede, e não quis comer." 1 REIS 21:4

Essa estratégia também foi utilizada por Satanás com Jesus durante a tentação no deserto, porém o Senhor lhe resistiu e triunfou sobre ele:

> "O demônio transportou-o uma vez mais, a um monte muito alto, e lhe mostrou todos os reinos do mundo e a sua glória, e disse-lhe: Dar-te-ei tudo isto se, prostrando-te diante de mim, me adorares. Respondeu-lhe Jesus: Para trás, Satanás, pois está escrito: Adorarás o Senhor teu Deus, e só a ele servirás..." MATEUS 4:7-10

Os servos e servas de Deus não podem se deixar vencer jamais pelas riquezas desse mundo, pois temos um tesouro lá no céu, lá nem a traça nem a ferrugem corrói, nem os ladrões podem roubar. É triste de ver quantos em nosso meio que já se venderam por causa de dinheiro, abriram mão da família, ministério e até da salvação, em troca das coisas que o dinheiro pode proporcionar. Tenho para mim que o dinheiro pode muito, mas não pode tudo. Você compra uma bela casa, mas não compra um lar; você compra um carro blindado, contrata seguranças, põe cerca elétrica para ninguém pular seu muro, mas não compra a paz interior; você pode comprar até uma noite de prazer com uma mulher, mas não compra o seu amor.

Portanto, amados, não negociemos o inegociável, sejamos firmes e constantes, como diz as Escrituras, atentando para o alvo que é Cristo.

Podemos passar por lutas e aflições aqui na terra, mas nada pode se comparar com a glória que nos espera ali, na Nova Jerusalém celestial. Lutemos por esta glória de chegarmos um dia ao lado do Mestre Jesus na eternidade e cantarmos num lindo coral o hino da vitória.

Autoanálise

Você já abordado por algum "Acabe"? Alguém em posição de autoridade que se aproximou de você desejando que você comprometesse sua herança?

Você já percebeu que existe uma batalha espiritual ao seu redor, e que o ataque à sua mente é constante para que você se entregue?

Quais são os prazeres mundados mais oferecidos a você como moeda de troca para que, no calor do momento, você negocie sua propriedade?

Se você pudesse classificar três princípios inegociáveis - que o inimigo não desiste de fazer propostas - quais seriam? E por que são tão importantes para você?

ANOTAÇÕES

6
O Preço da Lealdade

Nabote morreu com toda a sua família. A pergunta que pode surgir é: "Porque Deus não deu esse livramento, já que eles eram tão fiéis?" ou "Por que Deus não fez nada para impedir?".

Na real, a resposta é simples: foi para nos dar uma lição. Se for para ser fiel, que seja até a morte. É para mandar pedrada? Que desçam! Eu sou noiva, não meretriz vendida para essa geração, que aceita proposta do diabo e desiste do céu com a maior facilidade.

Deixe-me dizer algo para a noiva que lê esse livro: alguns lugares onde a gente vai passando, vai percebendo que algumas coisas mudam para pior. Um grupo de jovens se levantou para cantar em uma igreja em que eu estava em São Paulo. Ao prestar atenção no grupo, percebi dois travestis cantando; e eu só percebi que eram travestis por causa do gogó. De cabelão, terninho e fazendo gestos; pensei: "Esse negócio está muito esquisito para ser mulher". Numa segunda olhada, percebi que eram dois travestis. Então, perguntei para a esposa do pastor:

"*Aquilo ali é o que eu estou vendo mesmo?*"

Ela colocou os óculos e olhou para a igreja (uma das igrejas do setor) e disse:

"*É, minha filha!*"

A que ponto a noiva está chegando? Ao ponto de se vender para aumentar o número de membros. Ao ponto de aceitar gente que está nos departamentos, liderando, com marquinhas no pescoço, com olheiras de boate de noitada, mas por que é bom no que está fazendo, eles deixam fazer. A noiva não precisa se vender para ter agregado! Que venham, que sejam tratados, mas que andem nessa verdade para irem para o céu. Porque fora dessa verdade, não é noiva, é meretriz!

Certo dia entrei num restaurante com meu esposo e, quando estávamos saindo, entrou um cantor, trançando as pernas, bêbado. A pessoa que estava com ele disse:

"*Olha a missionária Isa!*"

E ele ficou tentando enxergar minha mão, e eu ali, parada diante dele. Ele tinha acabado de cumprir uma agenda, mas no meio do caminho encheu a cara e chegou bêbado ao restaurante.

Quer que eu te diga uma coisa? Eu denuncio! Porque quem sabe disso e continua colocando no altar é tão conivente quanto. Essa noiva cresceu com gente que pode não ter fama, mas tem compromisso. Quem nasceu na igreja sabe exatamente do que eu estou falando. Não precisamos colocar pessoas com microfones nas mãos para trazer gente. A gente precisa é de ungido, cheio do Espírito Santo e com compromisso com a eternidade e que ame essa verdade.

Eu sei que nessas horas alguém engasga, fica com raiva, mas eu disse aqui que nós somos noiva... a meretriz que se venda. Com esses, nem foto eu tiro. Para quê? Associar minha imagem com prostituto? Só porque tem nome? Alguns pensam: vamos grudar, vamos ficar perto para ter *status*. Mas preciso dizer uma coisa: o Deus que estabeleceu a igreja, a estabeleceu sem engano.

Você não precisa se associar à podridão para ganhar espaço. Seu maior tesouro é estar no livro da vida; portanto, guarde o que você tem. Eu não preciso me vender nem ceder para essa geração maligna. Podem me chamar de quadrada, de besta; deixa que se afastem, deixa que me excluam; eu quero o selo. O resultado é que alguns deles nem gostam de mim. Por que será?

A família de Nabote inteira morreu a pedradas; Deus não deu livramento. Mas eu posso ver essa família recebida em glória, à custa de sangue no chão, perdendo suas possessões, mas diante de Deus. Eu vejo o Senhor dizendo assim:

"Venham, benditos do meu Pai. Vocês foram fiéis até a morte. Recebam um novo nome, recebam a coroa da vida e novas vestes."

Se teu alvo for o céu, deixe que venham com pedras, com tijolos, ou que te empurrem pelas costas; se o teu corpo tombar aqui, Deus estará te dizendo: vem!

O Senhor te diz: estão sendo covardes com você. Jezabel te força e está tendo êxito. Todavia, Aquele que te comprou te abraça. O Senhor te louva e te honra, e diz que está ouvindo cada 'não' que você deu a satanás. Ele assistiu a cada tentação vencida, conhece suas fraquezas e sabe das suas limitações. Ele sabe que alguém veio querendo negociar sua herança, mas o Espírito Santo que habita em você – e está conversando contigo nas páginas deste livro – te encoraja a sair em resgate da tua herança, mesmo que isso custe o sangue.

Volte à santificação e à vida de oração. Volte à comunhão e ao quebrantamento. O que é que não tem valor na terra para você? Qual é a tua herança em Deus? Por que o inimigo te assediaria tanto? Por que ele luta tanto para te matar? Receba a mão do Noivo dizendo:

"Eu te conduzo ao altar novamente."

Ainda que custe a morte, decida ser fiel a Ele. Porque é Ele quem te toma pela tua mão direita e diz:

"Você é minha."

Você é terra santa, povo adquirido, nação eleita, adornada, amada do mestre, comprada pelo sangue do Cordeiro. Ele te dá cânticos espirituais. Celebre com o teu noivo, porque as propostas não te compraram.

> *E eles o venceram pelo sangue do Cordeiro e pela palavra do seu testemunho; e não amaram as suas vidas até à morte.* APOCALIPSE 12:11

> *Portanto também os que padecem segundo a vontade de Deus encomendem-lhe as suas almas, como ao fiel Criador, fazendo o bem.* 1 PEDRO 4:19

Autoanálise

Você sabe dos riscos que corre ao buscar preservar sua herança em Deus?

Quais áreas de sua vida você é mais tentado a comprometer seus valores?

Que lição podemos aprender com Nabote, que morreu com toda sua família ao ser fiel e não vender a herança de seus pais?

Você teria a mesma ousadia de Nabote? Justifique sua resposta.

ANOTAÇÕES

Oração

Pai, venho a ti com um coração quebratando e desejoso de ouvir Tua voz. Minha mente tem sido atacada constantemente para que eu negocie a herança que o Senhor me deu. O espírito de cobiça e até mesmo de descontentamento muitas vezes quer agir em mim, mas como Nabote, eu quero força para resistir em defesa dos Teus princípios.

Que o Espírito Santo me dê forças para continuar dizendo não para as propostas do meu adversário e deste mundo sujo, mesmo que minha vida esteja em jogo, pois estou certa de que minha maior herança está guardada em Ti.

Obrigado por preservar minha mente e por me livrar do mal. Em nome de Jesus Cristo, Teu Filho. Amém.

FALE COM
Isa Reis

◉ @missisareis

❶ www.facebook.com/Isa Reis Batista

🌐 www.isareis.com.br

✉ contato@isareis.com.br / missionariaisareis@hotmail.com

📞 +55 (71) 99218-3885

Outras Obras da UPBooks

A Mulher Cristã em um Mundo Moderno
Autora: Erica Leite
Editor: Eneas Francisco
ISBN: 978-85-66941-29-6
136 páginas - 14x21cm

Neste livro, a Pastora Erica Leite compartilha de forma ousada e objetiva sobre os riscos do distanciamento dos princípios básicos do evangelho enfrentados pela mulher cristã no século 21.

Princesas Adoradoras
Um chamado para a realeza
Autora: Thaís Oliveira
Editor: Eneas Francisco
ISBN: 978-85-66941-15-9
152 página - 14x21cm

Em *Princesas Adoradoras: um chamado para a realeza* você é convidada a descobrir a princesa que há em você e saber o quanto Deus te ama e quantas coisas maravilhosas Ele desejar realizar em sua vida.

www.upbooks.com.br

Quando Boaz Vier
Autora: Tiffanie Y. Lewis
Editor: Eneas Francisco
Tradução: Erica Leite
120 páginas - 14x21cm

Neste obra inspiradora, Tiffanie Lewis apresenta insights e estratégias que capacitarão as moças cristãs a se posicionarem para uma nova dimensão no Reino de Deus enquanto aguardam pelo homem certo.

visite nossa loja:
www.upbooks.com.br

Meu Isaque, Minha Rebeca
Sexualidade sem tabus à luz da Bíblia
Autores: Rômel Santos e Israel A. Ferreira
Editor: Eneas Francisco
ISBN: 978-85-66941-44-9
100 páginas - 14x21cm

Se você é um jovem cristão que deseja vencer suas batalhas enquanto espera pelo melhor de Deus para sua vida conjugal, sua Bíblia e este livro servirão de bússola rumo à esta realização.

VOCÊ TEM UM LIVRO PARA PUBLICAR?

Como uma forma de abençoar pastores, líderes e irmãos que tenham material engavetado há muito tempo, a Editora UPBooks lançou o selo Autores Cristãos Independentes, que oferece apoio completo desde o manuscrito até o livro impresso, entregue na casa do autor. Entre em contato hoje mesmo e saiba como alcançar as pessoas com a mensagem que Deus colocou em seu coração!

Conheça nosso selo
para autores independentes
www.upbooks.com.br

(19) 9 8287-2935
contato@upbooks.net.br

autores cristãos independentes

Este livro foi composto por fontes Minion Pro e Prata
e impresso em papel Pólen 70 g/m² pela Promove para Editora UPBooks

www.ingramcontent.com/pod-product-compliance
Lightning Source LLC
Chambersburg PA
CBHW051716040426
42446CB00008B/909